Le rêve d'Amanda
Amanda's Dream

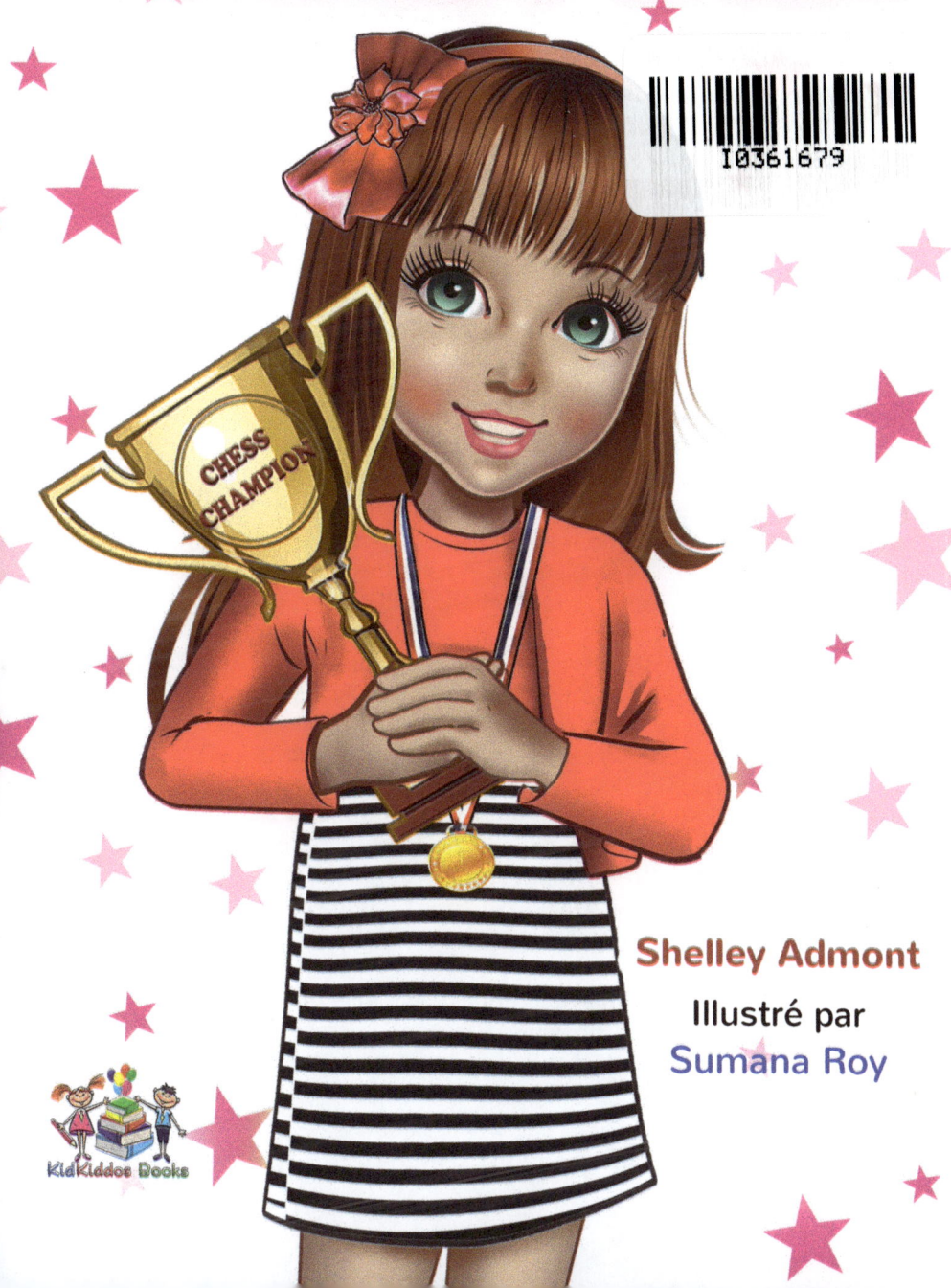

Shelley Admont

Illustré par
Sumana Roy

www.kidkiddos.com
Copyright ©2013 by S.A. Publishing ©2017 KidKiddos Books Ltd.
support@kidkiddos.com

All rights reserved. No part of this book may be reproduced in any form or by any electronic or mechanical means, including information storage and retrieval systems, without written permission from the publisher, except in the case of a reviewer, who may quote brief passages embodied in critical articles or in a review.
First edition, 2020

Translated from English by Sophie Troff
Traduit de l'anglais par Sophie Troff
French editing by Valerie Lizotte
Révision en français par Valérie Lizotte

Library and Archives Canada Cataloguing in Publication
Being a Superhero (English French Bilingual Edition)/ Shelley Admont
ISBN: 978-1-5259-2045-5 paperback
ISBN: 978-1-5259-2046-2 hardcover
ISBN: 978-1-5259-2044-8 eBook

Please note that the French and English versions of the story have been written to be as close as possible. However, in some cases they differ in order to accommodate nuances and fluidity of each language.

Il était une fois une petite fille nommée Amanda. Amanda ne riait pas et ne souriait pas. Elle était malheureuse.

There once was a young girl named Amanda. Amanda didn't laugh or smile. She was unhappy.

Amanda avait plein d'amis. Elle avait une famille aimante et vivait dans une grande maison avec toutes les choses que son cœur désirait. Cependant, elle avait toujours l'impression qu'il lui manquait quelque chose.

Amanda had a lot of friends. She had a loving family and lived in a big house with all the things her heart desired. However, she still felt like something was missing.

Elle ne souriait pas quand elle se brossait les dents, se coiffait les cheveux ou même jouait à la poupée.

She didn't smile as she brushed her teeth, combed her hair or even played with her dolls.

Tous les soirs avant d'aller au lit, elle s'asseyait avec son père et jouait aux échecs, son jeu favori, mais cela ne l'égayait pas.

Every night before bed, she sat with her father and played chess, her favorite game, but it did nothing to cheer her up.

Un jour, Amanda était assise sur un banc dans le parc et lisait son livre préféré.
One day, Amanda was sitting on a bench in the park and reading her favorite book.

Sortie de nulle part, une femme apparut. Elle portait une belle robe rose, avait des cheveux ondulés et soyeux, et de grands yeux bleus.
Out of nowhere, a woman appeared. She wore a beautiful pink dress, and had wavy, flowing locks of hair and big, glowing blue eyes.

– Bonjour, Amanda, dit la femme en s'approchant du banc. Pourquoi es-tu triste?
"Hello, Amanda," said the woman as she approached the bench. "Why are you sad?"

– Je ne suis pas triste, répondit Amanda. C'est juste que je n'ai pas envie de sourire.
"I'm not sad," answered Amanda. "I just don't feel like smiling."

– Tu es sûre? Tu sembles contrariée, répondit l'étrange femme.
"Are you sure? You seem upset," the strange woman replied.

Amanda décida qu'elle devait parler à quelqu'un. Elle confia à la femme à quel point elle était malheureuse.
Amanda decided that she had to talk to someone. She told the woman how unhappy she was.

Alors qu'Amanda déballait d'une traite toutes ses émotions, elle se mit à pleurer.
As Amanda breathlessly spilled out all her emotions, she began to cry.

Soudain, Amanda cessa de pleurer, regarda l'étrange femme et demanda :
– Qui êtes-vous et comment connaissez-vous mon nom?
Suddenly, Amanda stopped crying, looked at the strange woman and asked, "Who are you and how do you know my name?"

– Je suis la fée des rêves, dit la femme. Je suis là pour t'aider.
"I'm a dream fairy," the woman said. "I'm here to help you."

Amanda écouta attentivement.
– Tu as juste besoin d'un rêve, d'un but, continua la fée.
Amanda listened carefully. "You just need a dream—a goal," the fairy continued.

– Je sais! J'aimerais tellement en avoir un. Tous mes amis ont un rêve, dil Amanda avec excitation, et vous savez quoi? Leurs rêves deviennent réalité.
"I know! I really want one. All my friends have a dream," Amanda said with excitement, "and you know what? Their dreams come true."

– *Danny rêvait de faire du vélo, et la semaine dernière, il a appris à pédaler tout seul.*
"Danny dreamed of riding a bike, and last week he learned to ride all by himself."

– *Lilian rêvait d'être danseuse de ballet, et maintenant elle prend des cours de danse et danse dans différents spectacles.*
"Lillian dreamed of being a ballet dancer, and now she has dance lessons and dances in different shows."

– *J'ai vraiment envie de réaliser un rêve, moi aussi. Je ne sais pas comment en avoir un.*
"I really want to have some kind of dream come true, too. I just don't know how to get one."

– Un rêve n'est pas une chose qu'on peut te donner, dit la fée des rêves. Tu dois le trouver dans ton cœur. Ne t'inquiète pas, ce n'est pas aussi difficile que ça en a l'air. Je peux t'aider.

"A dream isn't something that can be given to you," said the dream fairy. "You need to have one inside your heart. Don't worry, it isn't as hard as it sounds. I can help you."

Amanda la regarda et essuya ses larmes. Elle se sentait beaucoup mieux maintenant.
Amanda looked up at her and wiped away her tears. She felt much better now.

– Tout ce que tu dois faire, c'est rentrer chez toi et réfléchir à ce que tu désires, continua la fée. Fais la liste de tes activités préférées et des raisons pour lesquelles tu les aimes.
"All you have to do is go home and think about what you want," continued the fairy. "Write down all your favorite things to do and what you love about them."

Après cela, elle disparut comme si elle n'avait jamais été là.
After that, she disappeared as if she had never been there at all.

Qu'est-ce que je veux? Je sais, je veux plein de bonbons, pensa Amanda en rentrant chez elle. Non, pourquoi ai-je besoin de plein de bonbons? J'en mangerai un peu et je n'en voudrai plus.
What do I want? I know, I want a lot of candy, thought Amanda on her way home. *No, why do I need a lot of candy? I'll eat a little and then not want any more.*

Je veux plein de poupées de toutes sortes, pensa-t-elle, mais elle changea encore d'avis. Non, je n'ai pas besoin d'autres poupées. J'en ai déjà assez.
I want a lot of dolls of all different kinds, she thought, but then changed her mind again. *No, I don't need a lot of dolls. I have enough already.*

Alors qu'est-ce que je veux? *Amanda continua de réfléchir à ce que pourrait être son rêve.* Peut-être un mignon petit chien?
So what do I want? Amanda continued to think hard about what her dream could be. *Maybe a cute little dog?*

Non, ce serait mieux d'avoir de nouveaux crayons ou de jolies boucles d'oreilles. Ou peut-être que j'aimerais être une actrice célèbre ou une princesse?
No, it would be better to have new crayons or pretty earrings. Or maybe I want to be a famous actress or a princess?

Elle imagina lire ses livres préférés et jouer avec ses amis. Elle pensa musique, danse et peinture.
She thought of reading her favorite books and of playing with her friends. She thought of music, dancing and painting.

Elle pensa, pensa, pensa, mais elle ne savait toujours pas ce qu'elle voulait.
She thought and thought and thought, but she still didn't know what she wanted.

Elle continua de réfléchir même quand son père rentra à la maison après le travail. Comme chaque soir, Amanda et son père jouèrent aux échecs.
She carried on thinking even when her father came home from work. Just like every evening, Amanda and her father played chess.

Elle s'amusa tellement en jouant aux échecs ce soir-là qu'elle oublia sa conversation avec la fée des rêves.
She enjoyed playing chess that evening so much that she forgot all about her conversation with the dream fairy.

Cette nuit-là, quand Amanda s'endormit, elle fit un rêve.
That night when Amanda went to sleep, she had a dream.

Dans son rêve, elle franchissait les portes d'un grand bâtiment. Puis elle longeait un long couloir en suivant le son de voix excitées, jusqu'à ce qu'elle arrive dans une grande salle.

In her dream, she walked through the doors of a big building. She wandered down a long corridor, following the sound of excited voices, until she entered a large room.

C'était une compétition d'échecs. Elle regarda autour d'elle et entendit les haut-parleurs appeler son nom. Elle allait être la prochaine à jouer!
It was a chess competition. She looked around and heard her name called over the speakers. She was going to play next!

Au premier tour, Amanda joua contre des enfants de son âge et gagna toutes les parties. Elle était passionnée, déterminée et étonnamment douée aux échecs.
In the first round, Amanda played against children of her own age and won every single match. She was excited, determined and surprisingly good at chess.

Au tour suivant, elle joua contre des enfants plus âgés et remporta encore toutes les parties.
In the next round, she played against older children and won every match again.

À la fin de la journée, elle fut nommée Championne d'échecs.
At the end of the day, she was titled the Chess Champion.

Amanda se réveilla folle de joie. Le rêve semblait si réel! Elle voulait être championne d'échecs. Elle prit un stylo, griffonna « championne d'échecs » sur un bout de papier et sortit en courant de sa chambre.
Amanda woke up overjoyed. The dream had felt so real! She wanted to be a chess champion. She picked up a pen, scribbled "chess champion" on a piece of paper and ran out of her room.

*Elle sauta dans les bras de son père et s'écria :
– Je vais être une championne d'échecs!*
She hugged her father and shouted, "I'm going to be a chess champion!"

*Le père d'Amanda sourit, la serra fort et lui dit :
– Je crois en toi, ma chérie.*
Amanda's father smiled, gave her a tight hug and said, "I believe in you, dear."

Quelques jours plus tard, une compétition d'échecs devait avoir lieu à l'école. Il y avait beaucoup de fébrilité dans l'air.
A few days passed and a chess competition was going to be held at school. There was great excitement in the air.

Amanda était nerveuse au début, mais elle était convaincue qu'elle allait gagner. Après tout, elle avait remporté le championnat dans son rêve.
Amanda was nervous at first, but she was confident she would win. After all, she had won the championship in her dream.

Dès le début de la compétition, cependant, il fut évident qu'Amanda n'était pas une joueuse aussi douée qu'elle le pensait. Elle perdit le tout premier match.
From the moment the competition began, however, it was obvious that Amanda wasn't as strong of a player as she thought. She lost the very first game.

Elle était vexée et déçue d'elle-même. Ce n'était pas du tout comme la compétition dans son rêve.
She was hurt and disappointed in herself. It wasn't anything like the competition in her dream.

Triste et découragée, Amanda arriva à la maison. Elle s'assit sur le lit et se mit à pleurer.
Sad and discouraged, Amanda arrived home. She sat on the bed and started to cry.

Comment cela a-t-il pu arriver? pensa-t-elle. J'en ai rêvé. J'aurais dû gagner!
How could this happen? she thought. I dreamed about this. I should have won!

– Pourquoi pleures-tu, ma chérie? dit une voix familière. La fée des rêves était assise à côté d'elle.
"Why are you crying, dear?" said a familiar voice. The dream fairy was sitting next to her.

– Quel est l'intérêt d'avoir un rêve s'il ne se réalise pas? répondit Amanda.
"What's the point in having a dream if it doesn't come true?" answered Amanda.

La fée des rêves passa un bras autour de l'épaule d'Amanda.
– Pour que ton rêve se réalise, tu dois t'entraîner, expliqua-t-elle gentiment. Tu dois travailler dur et essayer encore et encore jusqu'à ce que tu y arrives.
The dream fairy put her arm around Amanda's shoulder. "In order for your dream to come true, you have to practice," she explained kindly. "You have to work hard and try over and over again until you make it happen."

Amanda écoutait attentivement la fée des rêves; elle savait qu'elle avait raison.
Amanda listened carefully to the dream fairy and knew she was right.

– Veux-tu vraiment, vraiment être une championne d'échecs? demanda la fée.
"Do you really, really want to be a chess champion?" asked the fairy.

– Plus que tout au monde.
Amanda sourit et arrêta de pleurer.
"More than anything else in the world." Amanda smiled and stopped crying.

La fée des rêves s'approcha d'Amanda et murmura :
– Alors tu sais ce que tu dois faire.
The dream fairy came closer to Amanda and whispered, "Then you know what you should do."

Avant qu'Amanda ne puisse ajouter un mot, la fée disparut.
Before Amanda could say another word, the fairy disappeared.

Amanda réfléchit un moment, sauta du lit et courut voir son père.
Amanda thought for a moment, hopped off the bed and ran to her father.

– Papa! s'écria-t-elle. Je veux être une championne d'échecs.
"Dad!" she shouted. "I want to be a chess champion!"

– Je sais, Amanda, tu me l'as déjà dit. Mais comment vas-tu y parvenir? demanda-t-il.
"I know, Amanda, you've already told me. But how are you going to accomplish it?" he asked.

– Je veux m'inscrire au club d'échecs et je vais m'entraîner tous les jours. Je ne veux même pas regarder la télé ou jouer avec mes jouets — je veux seulement faire ça.
"I want to sign up for a chess club, and I'm going to practice every day. I don't even want to watch TV or play with my toys—I just want to do this."

– Tu es sûre? demanda son père.
"Are you sure?" her dad asked.

– Oui! répondit Amanda. Je vais tout faire pour être championne d'échecs.
"Yes!" Amanda answered. "I will do anything to be the chess champion."

– Je suis fier de toi, ma chérie, je sais que tu réussiras.
"I'm proud of you, sweetheart, I know you'll succeed."

Son père la serra dans ses bras. Le visage d'Amanda s'illumina de fierté et de joie.
Her father hugged her tightly, and Amanda's face shone with pride and excitement.

Amanda commença à s'entraîner pour la prochaine compétition. Elle passait la plupart de ses journées à jouer aux échecs.

Amanda began to practice for the next competition. She spent most of her days playing chess.

Elle prenait des cours au club d'échecs, s'entraînait sur l'ordinateur à la maison et jouait aux échecs avec son père le soir.

She studied at the chess club, practiced on the computer at home and played chess with her dad in the evenings.

Ça ne la dérangeait pas de ne pas jouer à la poupée ou de ne pas regarder la télé — elle se concentrait sur son but : devenir la meilleure joueuse d'échecs possible.
She didn't mind not playing with her dolls or watching TV—she was focused on becoming the best chess player she could be.

Finalement, le jour de la compétition suivante arriva. Amanda se battit avec fougue lors de la première partie et affronta ensuite le garçon contre lequel elle avait perdu dans la précédente compétition.
Finally, the day of the next competition arrived. Amanda excitedly stood up for her first match and met the same boy she had lost to in the previous competition.

– Tu es prête à perdre encore? demanda le garçon d'un air moqueur.
"Are you ready to lose again?" the boy asked mockingly.

Amanda se contenta de sourire. Au fond de son cœur, elle savait qu'elle était prête.
Amanda just smiled. Deep in her heart, she was confident that she was ready.

Le match commença immédiatement. Amanda gagna facilement et était très excitée à l'idée de continuer à jouer.
The match began right away. Amanda won easily and was excited to play more.

Elle remporta le deuxième match, puis le troisième, le quatrième et ainsi de suite. Chaque match était plus difficile que le précédent, mais grâce à son travail acharné et sa détermination, Amanda gagnait à chaque fois.
She won the second match, and the third and the fourth, and on it went. Each match was harder than the one before, but thanks to her hard work and determination, Amanda won every time.

À la fin de la journée, Amanda remporta le titre de Championne d'échecs de l'école.
At the end of the day, Amanda was awarded the title of School Chess Champion.

Elle montra fièrement sa médaille et son trophée à sa famille et à ses amis. Elle était très heureuse, et elle savait qu'elle pouvait accomplir tout ce qu'elle désirait vraiment.
She showed her medal and trophy proudly to her family and friends. She was so happy, and knew that she could achieve anything she wanted.

C'est ainsi qu'Amanda a trouvé son rêve et l'a réalisé.
That was how Amanda found her dream and made it come true.

Depuis ce jour, Amanda n'est plus jamais triste. Elle sait déjà quel sera son prochain rêve et ce qu'elle doit faire pour qu'il se réalise.
From that day on, Amanda was never sad again. Now she already knows what her next dream will be and what she has to do to make it come true.

Et toi?
How about you?

Quel est ton rêve et que feras-tu pour le réaliser?
What's your dream and what will you do to make it come true?

www.ingramcontent.com/pod-product-compliance
Lightning Source LLC
Chambersburg PA
CBHW061227070526
44584CB00029B/4015